時代をつくるデザイナーになりたい!!
Space Designer
空間デザイナー

人びとがくらす社会で
快適に利用できる場面を
創造したいから、めざせ、
空間デザイナーを!!

協力
日本空間デザイン協会

六耀社

時代をつくるデザイナーになりたい!!
空間デザイナー

第1章 人びとのくらしを支えて、ゆたかな社会をつくる空間をさぐる
3

空間デザイナーの基礎知識①／空間デザイナーの基礎知識②／空間デザイナーの基礎知識③／空間デザイナーの基礎知識④

第2章 生活に密着した快適な空間を創造する空間デザイナー
12

空間デザイナーの仕事①
ショーウインドウ空間の、ディスプレイを演出する
13

ショーウインドウの役割を知る　空間デザイナー・山田祐照さん／空間デザイナーがめざすのは、最高のディスプレイ／山田さん流の、空間デザインへのかんがえ方／山田さんがデザインするショーウインドウ／山田さんが手がける、空間デザインのながれ／空間をデザインすることで、もてなしの場を演出する

空間デザイナーの仕事②
熱気あふれる展示会の空間を、ダイナミックに演出する
18

展示会について知る　空間デザイナー・佐藤 明さん／エキシビション空間を手がける／ショーの楽しさを演出してもりあげる、モーターショーの空間デザイナー／モーターショーの仕事のながれ／エキシビション空間のデザインでたいせつなこと／エキシビション空間のデザインを完成させる

空間デザイナーの仕事③
地域に密着して、「文化」を体感できる空間を手がける
23

文化施設について知る　空間デザイナー・石河孝浩さん／文化施設の空間デザインにたずさわる／自由な仕事環境のなかで、すぐれたデザインがうまれる／文化施設の空間デザインでたいせつにすること

空間デザイナーの仕事④
街のシンボルになる商業施設の空間をデザインする
28

商業施設について知る　空間デザイナー・近藤真治郎さん／複数のお店がお客をむかえるフロアの、空間デザインを手がける／空間デザイナーは設計図をつくり、工事にのぞむ／複合商業施設にかかわる空間デザイナーの仕事ぶり／商業施設の空間デザインでは、親しみやすさを表現する

空間デザイナーの気になるQ&A
33

Q1 空間デザイナーになるための進路　Q2 空間デザイナーがかつやくする場所　Q3 空間デザイナーをめざしたきっかけ　Q4 空間デザインの実力アップのために　Q5 空間デザインを実践できる活動

第1章

人びとのくらしを支えて、
ゆたかな社会をつくる
Space Designer 空間をさぐる

空間は、広大ではるかな「宇宙空間」から、とても身近にある自分自身が活動できる範囲の「生活空間」まで、さまざまです。みわたせば、空間はどこにでもあります。あの高いビルのなかにも、足もとの地下にも、空間は家の部屋からとびだして、街中にひろがっています。人びとが思いのままに、自由に行動できるのも「空間」という広がりがあるおかげです。いままで気にもとめなかった空間について、あらためて、さぐってみると、わたしたちの生活との、深いかかわりがみえてきます。

空間デザイナーの基礎知識 ①

人びとのくらしを支えて、ゆたかな社会をつくる空間をさぐる

あれ？
きみのまわりにある
かこみはなにかしら？

はい！そのかこみは
きみたちが行動できる空間を
あらわしているんだよ。

行動できる空間!?

えっ!?
きみのまわりにも
かこみがみえるよ。

みてごらん、
人にはそれぞれ
行動できる空間が
あるんだよ。

人びとは、日常生活のなかで、いろいろな行動をします。からだを動かしたり、勉強や仕事をしたり、移動したりします。そのとき、人が自由に動きまわることができる空間を「動作空間」といいます。

みんな、それぞれ
自分の空間を
もっているのね。

さて、きみたちは毎日どのような行動をとっているか、みてみよう。

平日は、学校へかよって勉強をしているよ。

基本的に、自分の家を中心に生活しているわ。

お父さん

わたしは会社につとめています。

お母さん

わたしは家にいて、家事をこなしています。

お父さんは会社に出勤します。

ふたりは学校に登校します。

会社

学校

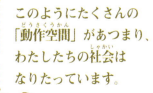

このようにたくさんの「動作空間」があつまり、わたしたちの社会はなりたっています。

5

空間デザイナーの基礎知識②

あら？
この線はなにかしら？

まっすぐな
線だけど…。

※次元とは空間の広がりをあらわす
目印となるものです。

この直線は、
1次元（※）の
空間を
あらわしている。

次元は、空間の広がりを
あらわしているのね。

1次元ということは、
2次元もあるのかな？

うん。

もちろんさ。
これが2次元の
空間だよ。

わたしたちがいる
本のなかの空間ね。

人びとのくらしを支えて、ゆたかな社会をつくる空間をさぐる

6

そうだよ。
絵や写真などで
あらわされた「平面」が
2次元の空間だよ。

1次元の空間が直線で
2次元の空間が平面と
いうことは……。

そう、人びとが生活している
現実の世界が3次元の空間だ。

立体の空間なのね。

この本でとりあげる空間とは、上下、左右、
そして、奥行きのある方向に広がる立体的な世界のことをさします。

 …… 直線

 …… 平面

3次元 …… 立体

空間デザイナーの基礎知識 ③

わたしたちが生活している社会では、人びとはそれぞれの目的をもって行動しています。

そのなかで、同じ目的をもったたくさんの人たちがあつまるいろいろな場所があるわね。

人びとのくらしを支えて、ゆたかな社会をつくる空間をさぐる

そうだね。人があつまる場所をあげてみよう。

デパートや商店街ではたくさんの人が買いものをしているわ。

以下は、一般的な名称です。

🟡 商業施設
商品の販売や飲食などのサービスを提供する店です。多数の店があつまる複合商業施設や宿泊施設もふくまれます。

🟡 公共施設
行政機関などが人びとの福祉を目的にしてもうけた施設をいいます。役所、保健所や公立病院などをいいます。

🟡 文化・学術の施設
学校、ホール、公民館、図書館、美術館、博物館など、文化の向上や学術の発展に役立つ施設です。

🟡 企業のショールーム
企業が、宣伝広報のためにあたらしい商品を中心に、自社製品を展示するスペースです。

🟡 見本市会場
ひとつのテーマで複数の企業があつまり、あたらしい商品の展示や機能などを一般につたえるための実演をする会場です。

🟡 娯楽施設
遊園地やテーマパーク、スポーツ競技場など、人びとが楽しむことができる施設です。

🟡 交通機関の施設
鉄道の駅や空港など。とくに、多くの方面へののりかえなどができる場所は、ターミナルとよばれます。

🟡 イベント会場
特定のテーマでひらかれる、期間限定のもよおしものの会場です。博覧会や、コンサート会場などもあてはまります。

※そのほか、住宅や会社（オフィス）もあります。

駅ではたくさんの人が電車をのりおりしているね。

これらの場所では、同じ目的をもった多くの人があつまって同じような行動をとるわ。

とくに人気のお店や注目のコーナーにはたくさんの人のながれができるよね。

人の動きをあらわす「動線」

たてもののなかで人がどのように移動しているかを線であらわしたものを「動線」といいます。

人の行動をみえるかたちにしてくれるのね。

動線という人の動きのデータを分析すると空間をどのようにデザインするのがもっとも適しているかわかるということだ。

〈動線の例：百貨店売り場の場合〉　■=エスカレーター　■=エレベーター

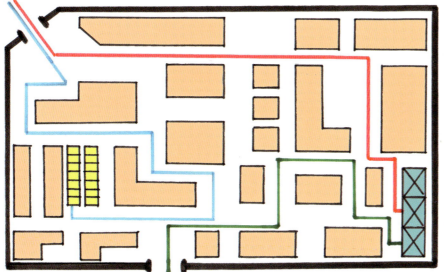

赤い線はAさん、青い線はBさん、みどりの線はCさんの動きをあらわしています。

わぁ、図でしめすと人の動きがよくわかるわね。

色の線は、人のながれをあらわしているんだね。

空間デザイナーの基礎知識 ④

わたしたちが日常生活で利用しているたてものは、「建築物」といわれています。
そこには、さまざまな特ちょうをもった空間がもうけられています。

人の手でつくられた建築物の内部の空間は、やはり人の手で工夫されてつくられているのね。

そう、人びとが安心して利用できる、快適な空間を工夫してつくることを「空間デザイン」といいます。
手がけているのは、わたしたち「空間デザイナー」です。

空間には、それぞれのたてものや環境にあわせた利用目的と特ちょうがあります。
その空間を利用する人にとって、どのようなものをどのようにもうけたらよいかをかんがえて、創造するのが空間デザインです。

空間をデザインするということは、どういうことなの？

わたしたち空間デザイナーは、独創的な発想で利用しやすい、すてきな空間を演出しているのです。

空間は、わたしたちのまわりにどこでもあるものです。

大きなたてもののなかにもあるわ。

だから、たくさんの人たちがあつまってにぎわうんだね。

人びとのくらしを支えて――ゆたかな社会をつくる空間をさぐる

10

13ページから紹介する4人の空間デザイナーは、日本空間デザイン協会(DSA)に所属しています。空間デザイナーが手がける空間デザインの分野は、おもにつぎのようになります。

空間デザイナーが手がける空間デザインのおもな分野：日本空間デザイン協会のホームページによる

● プロモーション空間
商品の販売促進を目的とした展示施設の空間。

● エキシビション空間
博覧会や見本市、展示会など、期間限定の空間。
※18ページで紹介する佐藤明さんの仕事ぶりを参照してください。

● 文化・街づくり空間
美術館や文化センターなど、地域と密着して文化的な情報を発信する施設の空間。※23ページで紹介する石河孝浩さんの仕事ぶりを参照してください。

● 商業・サービス空間
複合商業施設やレストラン、ホテル、企業が宣伝のためにもうけるショールームなどの空間。※28ページで紹介する近藤真治郎さんの仕事ぶりを参照してください。

● ショーウインドウ空間
大小の商業施設の店頭にもうけられた、商品をかざりつけるガラスばりの空間。※13ページで紹介する山田祐照さんの仕事ぶりを参照してください。

● ビジュアルデザイン空間
美術品などの展覧会会場の空間。

● エンターテインメント空間
コンサートなど、イベント会場の空間。

● クリエイティブ・アート空間
さまざまな芸術の分野の展示施設の空間。

第2章

生活に密着した快適な空間を創造する
空間デザイナー
Space Designer

わたしたちは、日常生活を送るなかで
必要に応じて、さまざまな空間を利用しています。
空間には、人びとが快適に過ごすことができるよう
目的にあわせた工夫がほどこされています。
空間デザイナーは、人びとをあたたかくむかえいれるために、
それぞれの空間がもっている特ちょうを最大限にいかしながら、
すてきな場所を創造しています。ここからは、
空間デザイナーのかつやくぶりをみていきましょう。

空間デザイナーの仕事 ❶

あなたがよく行くお店は、どのようなお店ですか？
お店とあなたのコミュニケーションを実現するため、
目にみえるかたちで情報をつたえてくれる、お店の空間があります。
すてきにかざりつけられて、あなたをまねいてくれるショーウインドウです。
空間デザイナーは、ゆたかなアイディアを発想して空間を演出します。

ショーウインドウ空間の、ディスプレイを演出する

ショーウインドウの役割を知る

お店は、あつかう「商品」をとおして、つくり手とお客をつなぐ場所です。お店では、より多くの人に立ちよってもらい、あつかう商品を買ってもらうための努力をはらっています。

そこで、大きな役割をはたしているのが、店頭にもうけられたショーウインドウとよばれる空間です。ショーウインドウは、ガラスでかこまれた場所に、お店であつかう商品をならべたかざりだなです。お客の注目をあつめて、お客が商品を購入する意欲を高める役割をはたしています。

そのショーウインドウの空間をデザインするプロフェッショナルがいます。ここからは、ショーウインドウを中心に手がける空間デザイナー・山田祐照さんの仕事ぶりを紹介します。

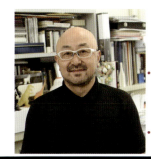

空間デザイナー
山田祐照さん

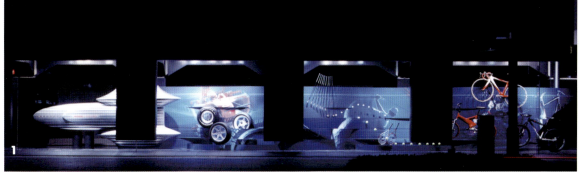

1. 世界にほこる日本のタイヤメーカー「ブリヂストン」のショーウインドウ。山田さんは、1987年～2001年まで、ディスプレイデザインを手がけました。**2.** 東京・銀座の有名デパート「松屋銀座」のショーウインドウでは、季節にあわせた商品がうつくしくディスプレイされています。写真は、2008年に山田さんが手がけたもの。**3.** 目あたらしさとインパクトにあふれたショーウインドウは、「エステサロン　ジャポンエコール」（東京・青山）のもの。2005年に山田さんがデザイン。

空間デザイナーがめざすのは、最高のディスプレイ

ショーウインドウを手がける空間デザイナーの最大の仕事は、かぎられた空間をどのようにかざり、商品をどう展示して、おとずれる人の注目をあつめるかにあります。お客の注目をあつめるように商品を展示することは、ディスプレイともいいます。最適のディスプレイを実現することが、空間デザイナーの目標のひとつなのです。

山田さん流の、空間デザインへのかんがえ方

山田さんは、大学卒業後にディスプレイのデザイン会社に就職しましたが、最初は現場の施工を担当する製作部に配属されました。仕事は大工作業が中心で、そのあいだ、アクリル(合成樹脂の一種)など空間デザインの現場で使われる素材のことや大工の技などについて、深く学ぶことができたといいます。

「いまかんがえると、このときの経験が、その後の空間デザインにとても役立っています」(山田さん)

空間デザイナーは、素材や工事方法をよく知っていることもたいせつだといいます。そのうえでデザインすると、現場の作業もスムーズに進められ、これまでにないあたらしいデザインを実現できるというわけです。

現在、山田さんは、「ノムラデュオ」(集客促進を目的にお店や展示会などの環境演出をおこなう会社)に所属する空間デザイナーとしてかつやくしています。

山田さんは、ショーウインドウのディスプレイが、お店全体の活性化につながるとかんがえています。そこで、つぎの5つの要素をたいせつにとりくんでいます。

空間デザインのアイディアをねる山田さん(上)。山田さんの会社には約30名の空間デザイナーがいて、ときにはアイディアをだしあったり、ディスプレイに使う素材をなん人かでチェックしたりすることもあります(下)。

ショーウインドウの空間デザインを成功にみちびく5つのこと

お店の情報をつたえる
あつかう商品の特ちょうなど、お店の情報を目でみえるかたちにします。情報を明確につたえることで、お客の購買の意欲を高めることができます。

お客をもてなす
季節のうつろいや流行の情報を、色やかたちでお客の五感にうったえるなど、さまざまなしかけでもてなしの気もちを表現してお客をむかえます。

お客の関心を引く
お店がもっている性格をわかりやすく表現するために、さまざまな工夫をほどこします。お客の関心を強く引くことは、お店への誘導につながります。

話題づくりをする
話題づくりをすることが、お店の知名度をあげることにつながります。お客の共感をよびおこし、おどろきをあたえることができるディスプレイを実現します。

街の景観づくりをする
ショーウインドウは、まわりの環境になじむことがたいせつです。まわりの景観に気をくばることが、街のにぎわいを創造して、空間の活性化につながります。

山田さんがデザインするショーウインドウ

　山田さんは、自分のことをディスプレイデザイナーとよんでいます。山田さんには、これまで多数のデザイン賞の受賞歴があります。なかでも、「銀座和光」や「ブリヂストン」のショーウインドウでは、DDA（※）ディスプレイデザイン最優秀賞という栄誉ある賞を、2年連続で受賞しています。

　山田さんがデザインをおこなうとき、VMD（ビジュアル・マーチャンダイジング）という手法をたいせつにしているといいます。これは、お店全体のデザインや商品のならべ方、宣伝の方法などに統一感やストーリー性をもたせることで、お客の視覚にうったえて購買意欲を高めようとするものです。

　山田さんが手がけるのは、ショーウインドウというかぎられた空間ですが、つねにVMDを意識して、はば広い視野をもちデザインしているのです。

※DDAは日本ディスプレイデザイン協会の略で、DSA（日本空間デザイン協会）の前身にあたります。

　クリスマスの時期のディスプレイでは、リボンがモミの木やプレゼント、ハートなどをかたちづくるオブジェをデザインしました。デザインができあがると、制作会社にミニサイズの試作品づくりを依頼し、おかしな部分がないか確認してから実際に設置するオブジェの制作に入ります。

デザインのイメージスケッチ。

パソコンで作成した完成予想図。

　洋服のうしろにあるランタン型のオブジェも、山田さんがデザインしたものです。山田さんは、ミニサイズの試作品を手づくりし、こまかな部分を確認しながらデザインを仕あげました。

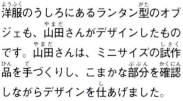

このウインドウディスプレイでは、「糸」をキーワードに、「糸まきから引きだされた糸が、キャンバスに絵をうつしだす」というストーリー性をもたせてデザインしました。スケッチから完成予想図、現場制作と段階をふみ、デザインの修正をしながら完成しました。

山田さんが手がける、空間デザインのながれ

山田さんは、2015年から、「札幌駅JRタワー」(北海道)にある、4つのショーウインドウのデザインを手がけています。札幌駅JRタワーは、北海道の玄関口となるJR札幌駅に直結した複合商業施設（※）です。

山田さんはこれまで、デパートや企業のショーウインドウを中心にかつやくしてきました。そこでの主役は商品で、商品の魅力をいかにつたえるかがたいせつでした。

ところが、札幌駅JRタワーのショーウインドウには、商品は登場しません。年4回、季節ごとにディスプレイが変わるアート空間として、おとずれる人たちをもてなす役割をもっていたのです。

これまでとはまったく異なったデザインのテーマがもとめられるなか、山田さんは、子どもからおとなまで、すべての人びとがおどろきやよろこびを共感できる、「物語のショーウインドウ」を提案しました。絵本をよむように、4つのショーウインドウをみながら歩き進められるようにデザインしたのです。

ここでは、山田さんがどのように仕事を進めていったのか、ながれをみてみましょう。

※複合商業施設とは、ショッピングセンターや映画館、娯楽施設など、複数の種類のお店があつまった大型施設のことです。

1 調査

まずは、市場調査や環境調査をおこないます。市場調査では、いまなにがもとめられ、はやっているのかなどを、インターネットを使ったり、実際に街歩きをして調べます。山田さんは、ノートパソコンやタブレット、アイディアノートなどをもち歩き、気になったことがあればすぐに写真やメモをとります。

そして、現地にでむき、たてものの周辺環境や、どんな人が通行しているのかを調査します。

2 企画

調査結果をふまえながら、どんなキーワードがあるか、まずは言葉でかんがえ、愛用のアイディアノートに書きだします。そのあと、テーマを決めます。札幌駅JRタワーでは、年間のテーマを決め、それにあわせて春・夏・秋・冬をどのように展開するか、かんがえました。

3 デザイン

テーマが決まったら、それをかたちにしていきます。最初にイメージデザインを描き（写真上）、あるていどアイディアがかたまったら、パソコンのソフトでパース（※）を作成します（写真下）。写真のパースは2017年夏のもので、「イルカが飛びだしてきて、水面にできる波紋からとんだ水の飛まつが樹木をつくり、成長していく」ようすを、4つのショーウインドウで表現しました。

※パースは、立体的な図のことで、完成予想図としても使われます。

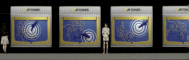

生活に密着した快適な空間を創造する空間デザイナー

空間をデザインすることで、もてなしの場を演出する

　山田さんが、札幌駅JRタワーのショーウインドウのデザインを手がけるようになって、3年目になります。
　山田さんがデザインしたショーウインドウは、駅をおとずれる人たちの心をなごませて、楽しい空間を実現してきました。
　最初の1、2年は、「物語のショーウインドウ」として、絵本を読むような楽しい空間デザインを実現しました。そして3年目はあたらしいとりくみで、「おもてなしのアート」として、美術館で絵画をみるような空間デザインをつくりあげました。
　それはまさに、空間デザイナーの山田さんが発信する、アートなディスプレイデザインという世界なのです。

設計

　つぎは、設計図の制作にとりかかります。設計図は、イラストレーターやCAD（33ページを参照）などのパソコンソフトを使って制作します。正面からみた平面図のほかに、真上からみた断面図、ツルやイルカの造形物の制作図もつくりました。

制作

　デザイン案がまとまったら、パースや図面をまとめ、仕事の依頼主にプレゼンテーション（説明）をおこないます。そして、正式に仕事を受注したら、予算計画書や工程表をまとめ、制作会社と協力して制作にとりかかります。
　制作会社の工場では、ディスプレイで使用するイルカや波紋、樹木のツルなどの造形物をつくりました。山田さんは工場に足を運び、指示どおりのかたちや色に仕上がっているかチェックをします。

施工

　現場での設置作業は、通常、お店の営業が終わってから、翌日の営業がはじまるまでにおこないます。札幌駅JRタワーの場合は、夜7時から朝4時ぐらいまで作業が進められました。山田さんは現場に立ちあって、工場から運びこんだ造形物が正しい位置に設置されているかなどを確認します。

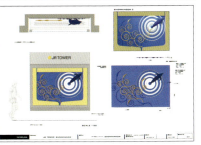

完成

2017年夏のショーウインドウが完成！

空間デザイナーの仕事 ❷

企業では、新製品を広報し、宣伝する目的で「展示会」をひらきます。展示会をおとずれるのは、展示の内容に関心をもつ人たちが中心です。ファンといわれる人たちがあつまるので、会場は熱気にあふれています。空間デザイナーは、会場にさまざまな工夫をこらして商品をアピールし、おとずれる人たちの期待にこたえて、理想的な空間をデザインします。

熱気あふれる展示会の空間を、ダイナミックに演出する

生活に密着した快適な空間を創造する空間デザイナー

展示会について知る

展示会は、英語でエキシビションといいます。もともとは、スポーツの世界で公式の記録が残らない、模範試合の意味で使われることばです。

単独の企業がひらく場合は、その会社のショールームなどが利用されます。いっぽう、複数の企業が合同でひらく場合は、展示会場とよばれる専用の広いスペースが利用されます。

よく知られている展示会には、各国の最新車がならぶモーターショーや、ゲームなど業種別の見本市があります。

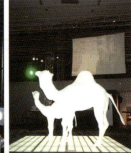

あたらしい会社の設立をアピールしてひらかれた単独の企業の展示会。「ノアの箱舟」というテーマにあわせて、会場には、物語のノアの箱舟にのせられるいろいろな動物のシルエットがかざられました。

エキシビション空間を手がける

これから紹介する空間デザイナーの佐藤 明さんは、ゲノムという空間デザインの個人会社をひらき、かつやくしています。手がける仕事は、エキシビション空間（11ページを参照）のデザインが中心です。たとえば、国内外で開催されるモーターショーの会場で、大手自動車メーカーのブースを演出しています。そのほか、イベント会場や企業のショールームなども手がけています。

空間デザイナー
佐藤 明さん

←有名な機械メーカーのショールームでひらかれた、オープニングイベントの展示。さまざまな場所でかつやくする建設用の機械を、子どもたちにもわかりやすいようにジオラマ（※）で紹介しました。
※現場のようすを立体的に再現する展示の方法。

↓大手不動産会社がひらいた、あたらしく建設されるマンションをPRするための展示会。2階の床をつきぬける巨大な模型を空間の中央に設置し、マンションの魅力をアピールしました。

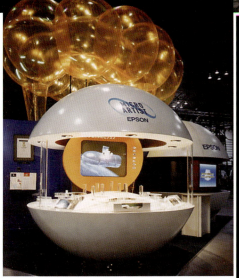

↑パソコンやプリンターなど情報関連の機器をあつかう企業が、最新の技術を紹介した展示会。風船（バルーン）で展示台や空間全体をかざり、シアター空間にもバルーンを多用しました。

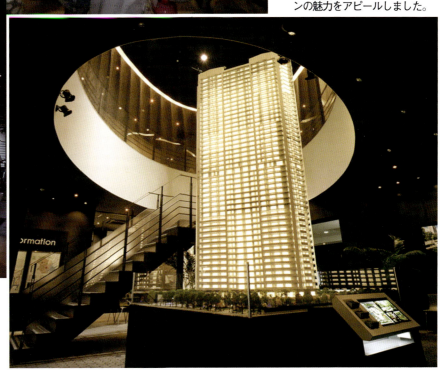

ショーの楽しさを演出してもりあげる、モーターショーの空間デザイナー

　ここからは、展示会のなかでもとくに規模が大きいモーターショーを中心に、空間デザイナーの仕事ぶりをみていきましょう。モーターショーは、国内外の自動車メーカーがあたらしく開発した車を紹介する場です。

　会場には、各自動車メーカーの、ブースとよばれる小さな空間がもうけられて、多くのお客をむかえます。

　ブースでは、自動車メーカーがより多くの人をあつめるために、いろいろな工夫をほどこします。そこで、新車の魅力のアピールだけではなく、ショーとしてのもりあがりや楽しさがもとめられるのです。このとき、各ブースを担当する空間デザイナーの、ざん新なデザイン力が発揮されることになります。

　空間デザイナーは、自動車メーカーの依頼をうけて、さまざまなディスプレイ（展示やかざり）の方法をかんがえます。そうして、車への興味を深めてもらうための工夫をこらしながら、ブースのなかを演出していきます。

モーターショーの仕事のながれ

日本でひらかれるモーターショーの場合は、約1年前に、各自動車メーカーがブースのデザインをどこに依頼するか決めるためのコンペティション（※）をおこないます。

ショーにあわせてテレビのCMやポスターなど大がかりな宣伝をする場合は、広告会社が窓口になり、空間デザイナーに仕事が依頼されることもあります。

もしステージで映像をながしたり、ダンスなどのパフォーマンスをおこなうなどの演出が必要になれば、それぞれの分野のスタッフと協力して仕事を進めます。

会場の空間デザインでたいせつなことは、おとずれた人が入場から退場するまでにどのような体験をするかを想定して、ストーリーをつくる点にあります。

そこで、まず文字でまとめたテーマやイメージを、実際の空間のなかでどのようなかたちで表現していくかをかんがえます。場合によっては、あらかじめ実際とおなじ展示のようすを試作して、確認することもあります。

※依頼主が仕事の発注先を決めるため、複数のデザイン会社から企画を提案してもらい、そのなかからすぐれた作品をえらぶこと。

1 仕事の内容の説明をうける──オリエンテーション

空間デザイナーに仕事を依頼する自動車メーカーや広告会社を、クライアント（依頼主）といいます。空間デザイナーは、クライアントから、どんな車をどのように紹介したいのかといった希望や、会場のようすなどについて説明をうけます。

↑佐藤さんが作成した、空間デザインの完成予想図。

2 コンペティションに参加するために

空間デザイナーが仕事をうけるためには、コンペティションでえらばれなければなりません。そこで、空間デザイナーは、クライアントの希望にそって、展示のアイディアをかんがえます。空間デザイナーは展示の内容や展示会場をどのように演出するか、おとずれる人びとに満足してもらうための工夫を企画書にまとめます。

↓佐藤さんは、オフィスの本だなにならぶ写真集や図鑑などから必要なものをえらび、デザインのアイディアをねるための参考にします。

3 空間デザインのアイディアをねる

空間デザイナーは、文字でまとめた企画書をもとに、あたえられた空間のなかで、それをどのように表現して具体的なかたちにしていくかをかんがえます。

佐藤さんは、デザインのイメージを広げるために、写真やイラストなどの資料を参考にすることもあります。インターネットでさがすこともありますが、折り紙の本や、光・電気など科学の本を参考にすることもあるといいます。たとえば、「光の道」というデザインテーマをかたちにするために、水の波紋、音の広がり方、光の屈折などを図にしたものをみながら、アイディアを広げました。

エキシビション空間のデザインでたいせつなこと

　アイディアがかたまると、いよいよラフデザインづくりにかかります。佐藤さんは、まず、手描きでデッサンします。デッサンが仕あがると、つづいてパソコンで完成予想図や設計図を制作していきます。

　佐藤さんは、エキシビション空間のデザインは舞台装置とにていると考えています。つまり、おとずれた人たちは、舞台のうえでくり広げられる展示のショーをみて楽しむということなのです。

　ところで、エキシビション空間は、基本的に3〜4日、長くても1週間でとりこわされて、なくなってしまうものです。一般の建築物のように、長いあいだ使いつづけるための耐久性に気を使うことはありません。それよりもたいせつなことは、インパクトの強さです。みる人の目を、いっしゅんのうちに引きつけて、とりこにしてしまうような印象の強さが、エキシビション空間のデザインにはもとめられるのです。

↑長年、愛用するシャープペンシルと色えんぴつを使って、ラフを手描きする佐藤さん。

→パソコンで作業中の佐藤さん。最近は、CGで完成予想図を描くことが多いといいます。

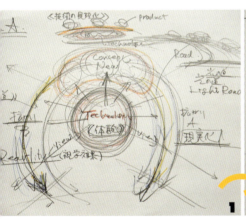

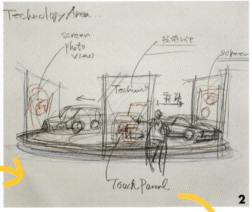

1. あるモーターショーの仕事で、最初に描いた、ブースを上からみたときのラフ。おとずれた人の視線や動線をイメージしながら、どう展示するのが効果的かかんがえます。

2. つぎに、ブースの中央に設置するステージのラフを描きます。車のまわりを3枚のタッチパネルが回転し、パネルをタッチすると目の前にきた車の構造などが画面にうつしだされるという仕くみをかんがえました。

3. パソコンのソフトで描いたブース全体の完成予想図。正面の大きなスクリーンには車が走っている映像がうつしだされます。巨大なスクリーンは、ELテレビ（※）というあたらしい映像技術の登場により実現しました。佐藤さんは、ショーで使用する機材や技術についても勉強をおこたらず、つねに最新のものを提案できるよう準備しているのです。

※有機物（炭素をふくんだ物質）を発光させて映像を映しだすテレビのことで、厚さは従来の液晶テレビの10分の1です。

エキシビション空間のデザインを完成させる

コンペティションでえらばれると、いよいよデザインを具体的に仕あげていきます。展示される車の色を確認し、その色にあわせて全体のデザインを微調整したり、施工業者にわたすための設計図を作成したりします。
そして、施工業者の工場をおとずれて試作の状況を確認したり、現場の施工に立ちあってチェックをします。

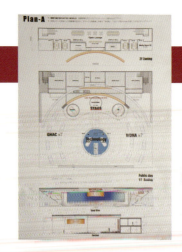

図面は、上からみた平面図、横からみた断面図などをつくります（写真は、21ページで紹介したモーターショーの図面です）。

試作の状況を確認する

空間デザイナーは、実際にブースの内部をつくりあげる施工業者とうちあわせをして、ステージや内装などの試作を依頼します。
試作では、ディスプレイの一部をつくる場合もあれば、展示会場全体をつくりあげる場合もあります。空間デザイナーは、施工業者の工場になん度もかよってチェックしていきます。

施工に立ちあう

国内の会場では、施工の作業は約3日間で終わらせます。最後の1日は展示品が運ばれてきて設置をするため、ブース会場をつくりあげるのに使える時間は2日間です。空間デザイナーは、完成するまで立ちあって、念入りにチェックをします。

生活に密着した快適な空間を創造する空間デザイナー

実際のモーターショーのようす

中国での大規模な新車発表会のようす。入口には演出用に発煙筒でけむり（スモークという）をたき、お客は光にみちびかれて進んでいきます。すると、佐藤さんが描いた高さ10mのイラストの滝にたどりつきます。滝の前には、いけ花で水のしぶきを表現しました。

水素エネルギーで走る自動車をアピールする展示ブース。映像を多用して、未来のイメージを強調しました。

滝のうら側には、500人の観客席と「水のステージ」をテーマにつくった空間があります。ステージは、壁も床もすべてスクリーンになっていて、新車を設置し、ピアノの演奏やダンスのショーがおこなわれました。佐藤さんは、映像のスタッフや演出家とともに、この大がかりな空間とショーを成功させました。

空間デザイナーの仕事 ❸

文化施設は、地域で愛されつづける公共の施設です。
文化施設の空間デザインを手がける空間デザイナーは、
子どもからおとなまでが、楽しみながら文化にふれられる
場の実現をめざして、さまざまな演出を工夫します。

地域に密着して、「文化」を体感できる空間を手がける

文化施設について知る

文化施設は日本各地にあり、その種類は、美術館、博物館、科学館、児童館、歴史・郷土館、産業などの資料館、そして、企業のミュージアムなど、はば広い分野にわたります。どの施設も、地域の特色が展示内容にいかされています。

また、施設のかたちも、展示を中心にしたものから、自然環境や防災・生活などを体験できるものまでさまざまです。施設も、まったくあたらしくたてる場合と、すでにあるたてものを改装・改修する場合があります。

ここからは、文化施設の空間デザインを手がける石河孝浩さんの仕事ぶりを紹介します。

石河さんが手がけた文化施設。
1.「宮城県伊豆沼・内沼サンクチュアリセンター」。2.「ふじのくに地球環境史ミュージアム」（26ページを参照）。3.「ギャラクシティ」（25ページを参照）。

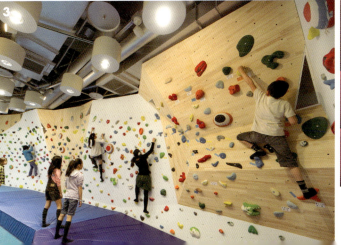

空間デザイナー
石河孝浩さん

文化施設の空間デザインにたずさわる

石河さんは、大学生のころから、「地域の人が利用する文化施設は、地域の人といっしょにつくりあげることがたいせつ」とかんがえていました。そこで就職先は、町の人といっしょに文化空間をつくるとりくみをしていた、大手空間デザイン会社の丹青社をえらびました。

丹青社では、文化空間や商業空間、空港や駅などの公共空間、イベント空間など、分野ごとに部署が独立しています。石河さんは、文化施設を手がけたいという希望がかなって文化施設の部署に配属され、現在までずっと文化空間のデザインを手がけています。

自由な仕事環境のなかで すぐれたデザインがうまれる

石河さんの会社では、自分の席が決まっていません。社内には、カフェのような木のテーブル、ホテルのようなソファなどさまざまな家具が置かれていて、自由に場所を移動しながら作業やうちあわせができます。

このような自由なふんいきのなかから自由なアイディアがわいて、よりよい空間デザインがうまれます。

生活に密着した快適な空間を創造する空間デザイナー

←↑好きな場所で、空間デザインのイメージラフを描いたり、パソコンで設計図を制作します。

↓たくさんの素材見本がある資料室で、素材えらびをします。

↓→博物館に展示する等身大の顔だしパネル看板を試しにプリントし、壁にはってサイズをチェックします。

↓社内のスタッフとうちあわせ。文化空間の部署には、おもに設計をするデザイナーと、おもに企画をするプランナーがいて、チームをくんで仕事をしています。

文化施設の空間デザインでたいせつにすること

石河さんが空間デザインをするとき、とくにたいせつにしていることがいくつかあります。それは、文化施設を利用する人が、より楽しく、快適にすごせる空間を演出するためのものです。この思いは、「ギャラクシティ」と「ふじのくに地球環境史ミュージアム」にいかされています。

●地域の人といっしょにつくる
将来、その施設のおもな利用者になる地域の人をまきこんでデザインします。地域の子どもをあつめて空間づくりに参加してもらうこともあります。

●完成したあとのこともかんがえる
多くの人になん度もきてもらえるよう工夫します。いつきてもワクワクする体験ができる体験型講座など、いろいろな目的で使いやすい空間をつくります。

●利用する人の目線をかんがえる
ものをみる人の目線（目の高さ）をかんがえ、子どもにみてほしいものは子どもの目線に、大人にみてほしいものは大人の目線に設置します。

●動線をかんがえる
動線（人の動き。9・38ページを参照）をかんがえながら、展示室の配置を工夫したり、訪れる人が1か所に集中してこんざつしないようにします。

地域の人といっしょにつくりあげた「ギャラクシティ」

東京・足立区にある「ギャラクシティ」は、もともと科学館でした。しかし老朽化で、体験機械などが故障することも多くなり、館内を改装することになりました。そこで、改装を手がける空間デザインをどこに依頼するかプロポーザル（※）がおこなわれました。

石河さんは、このプロポーザルで、いままでとはまったくちがう施設の提案をしました。機械を使った展示物は置かず、利用する子どもたちみずからが遊ぶ場、学ぶ場をつくり、かたちを変化させていろいろな使い方ができる施設です。

この提案はみごと採用され、施設は完成しました。石河さんがめざした「子どもといっしょにつくる空間」は、施設に入るとすぐに感じられます。なぜなら、館内のサイン（案内看板）など、空間を設計する段階から子どもたちといっしょに検とうをかさねて創作したものが、いたるところでみられるからです。

※プロポーザルは、複数の会社が企画を提案し、そのなかからひとつの案をえらぶ方法。

↑公募であつまった子どもたちが定期的に会議をひらき、どんな施設がいいかをかんがえたり、館内の案内看板をつくったりしました。

↓→自由にお絵描きできるキャンバスになった空間や、思いきりからだを動かせる大型ネットのアスレチック空間も、子どもたちのアイディアをとり入れてつくりました。

「かんがえる」をテーマにした「ふじのくに地球環境史ミュージアム」

空間デザイナーは、文化施設の空間デザインをどのように進めているのでしょう。ここでは、静岡県立の博物館「ふじのくに地球環境史ミュージアム」を手がけた、石河さんの制作現場をのぞいてみました。

←展示室の番号の表示は、その部屋の展示内容にあわせてデザインされています。

↓地域の動植物を紹介する展示室では、食物連鎖の「人間」の部分にイスがあり、来館者がすわることができるしかけに。

展示室には、楽しいしかけがたくさんあります

↑玄関を入ってすぐの展示は、ここがどんな博物館か案内する役割をはたしています。

←展示には、高校生が使っていた机やイス、黒板などを活用。かつては学校であり、かんがえる場であったことを印象づける工夫をしました。

↑縄文時代から現代へ、人と自然の関係がどう変化してきたかを、シーソーの傾きで表現した展示室。

→地域の海の生物を紹介する展示室では、学校の机を使った展示ケースをデザインし、海のなかにいるような空間をつくりました。

生活に密着した快適な空間を創造する空間デザイナー

石河さんは、
展示台や展示方法も
デザインします

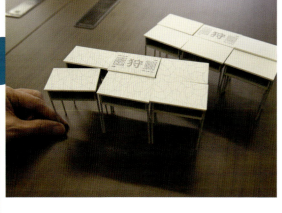

← ↑ 2週間に1度、静岡にでむいて依頼主と会議をしました。この日は、展示台のサンプル模型を持参し、確認してもらいました。

←展示物一つひとつの特ちょうを聞いてサイズをはかり、展示物のみせ方をかんがえます。

↑実物大の展示台サンプルのうえに、実際の展示物をならべてみます。
↓工事が終わり、展示品をならべたあとも、かんがえたとおりの仕あがりになっているか確認します。

石河さんは、依頼主とうちあわせをおこなうなかで、施設の役割を整理し、まずデザインの方向性をかんがえていきます。この博物館では、来館者が「かんがえる」ことで気づきや発見ができることをテーマにした企画を提案しました。そして、この企画がうけ入れられて、「みること」や「体験する」といったスタイルの博物館ではなく、いままでになかった「思考する」というあたらしいスタイルの博物館がうまれたのです。

「ふじのくに地球環境史ミュージアム」は、静岡県静岡市にある廃校となった高等学校の校舎を改装して、2016年にオープンしました。館内は、学校の教室がそのままいかされて展示室や講座室、図鑑カフェなどに利用されています。

石河さんは、来館者が、展示物のことや地域のことを「かんがえることで学ぶ」ことができる工夫を展示にとり入れました。

また、来館者が、施設のスタッフとふれあうことで「また、この人の話を聞きたい」と思い、なん度でもきてもらえるような工夫があることも特ちょうです。各展示室には学芸員や地域のボランティアスタッフがいて、来館者一人ひとりに展示物の説明をしてくれます。ほかにも、専門家や地域の人を先生にまねいて、さまざまな講座やワークショップを開催できる講座室も計画しました。

空間デザイナーの仕事 ❹

街のシンボルになる商業施設の空間をデザインする

生活に密着した快適な空間を創造する空間デザイナー

時代をリードして、商品の販売やサービスを提供する商業施設には、たくさんのお客が連日おとずれて、大きなにぎわいをみせます。個性的な街の姿や表情をつくるかもしれない商業施設を手がける空間デザイナーは、心をこめてお客をむかえる工夫をこらします。そして、施設を快適な場にするため、施設内の空間をデザインしていくのです。

空間デザイナー
近藤真治郎さん

↑空間デザインの仕あがりをチェックする近藤さん。
近藤さんが手がけた、西武池袋本店5階の紳士服売り場。

商業施設について知る

これから紹介する近藤真治郎さんは、大手のディスプレイデザイン会社「乃村工藝社」に所属し、デパートなどの商業施設を中心にかつやくする空間デザイナーです。商業施設とは、商品を販売したり、サービスを提供する民間の施設です。提供するサービスには、飲食店がだす食べものや飲みもの、ホテルの宿泊などもあります。

なかでも複数の商業施設が大規模なビルにあつまったデパートやショッピングセンターを、複合商業施設といいます。

東京や大阪などの大都市には、多くの人でにぎわう商業地域がいくつもあります。そのなかのひとつ、東京・池袋にある「西武池袋本店」は、1940年（昭和15年）以来、長いあいだ地域の人びとに親しまれてきました。

近藤さんは、西武池袋本店の大規模な改装にあわせ、紳士服を販売する5階フロアの空間デザインを手がけました。

複数のお店がお客をむかえるフロアの、空間デザインを手がける

近藤さんは、これまで多くの大型商業施設を手がけてきました。その実績をかわれて、クライアント（依頼主）から直接、「西武池袋本店の改装を近藤さんにおねがいしたい」と指名をうけました。

近藤さんが依頼された5階の売り場フロアには、複数のお店があります。さまざまな男性向けの洋服のブランド店から喫茶店まで、80以上のお店がならんでいます。

近藤さんは、依頼をうけてから5か月ほどのあいだに、デザイン案を3回にわたって提案しました。これを基本計画といいます。手がけるのは、フロア全体の空間デザインです。デザイン案は、クライアントによって検とうされて、最終的なデザイン案が決定します。

←近藤さんが提案したCGによるフロアの完成予想図です。これまではお店ごとにバラバラだったふんいきを統一し、フロア全体でひとつの空間にまとめました。

→フロアの図面の一部です。近藤さんは、高級な洋服をあつかう店のエリアと、気軽で現代的な洋服をあつかう店のエリアにわけ、それぞれのエリアをお客が自由に動きまわることができる動線を工夫しました。

空間デザイナーは設計図をつくり、工事にのぞむ

近藤さんは、デザイン案が決まると設計図の作成にとりかかりました。設計には、基本設計と実施設計の2段階があります。

基本設計は、依頼主に仕あがりを確認してもらうための設計図をつくる作業です。改装の場合は、建築家がかかわらないことも多いため、すべて空間デザイナーが決めなければなりません。近藤さんは、改装で手をくわえてもいい場所を自分で確認したり、消防法など法律の確認をしながら基本設計の図面をつくっていきました。たとえば、柱の位置、売り場のカウンターや商品の配置など、こまかな部分を平面図や断面図にあらわしました。

つぎの段階の実施設計では、実際の工事をおこなうための設計図をつくります。実施設計の設計図が完成すると、いよいよ工事がはじまります。

複合商業施設にかかわる空間デザイナーの仕事ぶり

近藤さんがかかわる商業施設のなかでも、複合商業施設の空間デザインは、「環境」というかんがえ方が重要な意味をもっています。

環境のかんがえ方は、まず、これから手がける複合商業施設のまわりに、どのようなたてものがあるかを知ることからはじまります。それが、街の特ちょうや、複合商業施設と街とのかかわりをかんがえることにつながるのです。

さらに、どのようなお客が多いのか、世代や性別などの情報をあつめることもかかせません。

空間デザイナーは、これらの要素を理解することで、複合商業施設の全体をとらえることができるのです。その結果、最適な空間をデザインすることができます。

このとき、空間デザイナーは、照明デザイナーや案内表示などをデザインするサインデザイナーに適切な指示をだして、プロデューサーの役割をはたします。

近藤さんの仕事の進め方

↑ひとつの仕事ごとに営業の担当者がつき、近藤さんは、スケジュールなどをうちあわせしながら仕事を進めます。

↑近藤さんの会社からは、東京の湾岸エリアが一望できます。すばらしいながめのなかでかんがえると、すてきな空間デザインのアイディアがうかんできます。

↑近藤さんは、パソコンで図面を制作します。完成予想図のCGは、近藤さんがこまかく指示をだして専門のCGクリエーターに制作を依頼します。

↑近藤さんは、社内の図書・資料室でさまざまな素材のカタログや見本を調べながら、空間デザインのイメージをふくらませます。

空間デザイナーは、施工現場でもかつやくする

空間デザイナーは、いつもパソコンの前でデザイン作業をしているわけではありません。近藤さんは、空間デザイナーとして、また、プロデューサーとしてフロアを改装する現場に立ちあいます。西武池袋本店の工事は、デパートが閉店したあと、夜9時30分ごろからはじまり、そして、深夜から開店前までおこなわれます。近藤さんは、工事の最初のころは1週間に1度、最後のころは2、3日に1度、工事現場に足を運びました。

↑→この日は、電気工事がおこなわれていました。近藤さんは、配線や照明器具の位置が正しいかチェックします。

→近藤さんは、工事現場に行くとき、まき尺、マスキングテープ、カメラをかならずもっていきます。

↑まき尺は、工事が図面どおりに進んでいるかサイズをはかってチェックするときなどに使います。施工業者に器具のとりつけ位置などを現場で指示するときには、マスキングテープがかつやくします。また、気になる部分や目ではみえないすき間はカメラで撮影し、会社にもどってからこまかく確認します。

完成した西武池袋本店の5階フロア

←エスカレーターの横にもうけられた案内カウンター。イスなどの家具のデザインも近藤さんがおこないました。

↓5階は、フロア全体を「都会の庭園」をイメージしてデザインしました。フロアの2か所に、庭園のような明るい空間をもうけることで、お客が売り場を自由に動きまわれるように工夫しました。

↑フロア全体の基本的なかんがえ方にあわせて、床や天井、壁の素材や色を統一しました。また、お店ごとの売り場の仕切りをできるだけ少なく、オープンにすることで、フロア全体の統一感を強調しました。

商業施設の空間デザインでは、親しみやすさを表現する

さまざまな商業施設を手がけてきた近藤さんが、商業施設にかかわる空間デザインの魅力を教えてくれました。
「商業施設は、うつりかわりがはげしい分野です。流行にも左右される空間なので、つねにあたらしい感性をみがいておく必要があります。そうして、時代の先をいくようなものをつくらなければなりません。時代の変化にあわせて自分も変わっていく。それは、たいへんなことですが、やりがいでもあります」

近藤さんがこれまで手がけたおもな商業施設

→東京・渋谷の「西武渋谷店」のエントランス（入口の部分）改装にあたり、「アート＆デザイン」をテーマに空間をデザイン。4本の柱のLEDによるフルカラーディスプレイは、渋谷の街を行きかう人びとの目を楽しませてくれています。

↑→近藤さんは、アシスタント空間デザイナーとともに模型を制作し、クライアントとうちあわせをかさねました。

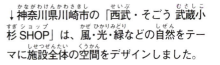

↓神奈川県川崎市の「西武・そごう 武蔵小杉SHOP」は、風・光・緑などの自然をテーマに施設全体の空間をデザインしました。

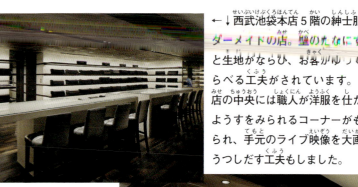

←↓西武池袋本店5階の紳士服オーダーメイドの店。壁のたなにずらりと生地がならび、お客がゆっくりえらべる工夫がされています。また、店の中央には職人が洋服を仕たてるようすをみられるコーナーがもうけられ、手元のライブ映像を大画面でうつしだす工夫もしました。

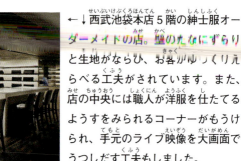

生活に密着した快適な空間を創造する空間デザイナー

32

空間デザイナーの気になるQ&A

4人の空間デザイナーの仕事ぶりから空間デザインという世界を身近に感じることができたかな。

はい、空間デザイナーをめざそうかな、とかんがえているの。

ぼくも、めざそうかな…。

空間デザイナーになるための進路

Q1 空間デザイナーをめざすとき、どのような進路がありますか？ 教えてください。

A 空間デザインの世界でかつやくするには、基本的にデザインや建築の知識と技術がもとめられます。そこで、美術系や工芸系、工業系のデザインの学校で学ぶことをおすすめします。

●高等学校で学ぶ

高等学校の普通科で広く学習することもたいせつですが、デザイン・工芸系、工業系の高校に進む道もあります。ここで、デザインという分野の基礎にふれて、より専門的な学習をしていくことができるのです。

工芸・工業系の高校には、デザイン科のある学校もあります。ここでは、工業や産業とむすびついたデザインの基礎を学ぶことができます。将来にむけて、空間デザインの世界をめざす近道になるかもしれません。

たとえば、あるデザイン科では、実際に企業のショールームや各種の展示会を見学して、自分たちで自由に設計したり、デッサンを描いたりしています。また、ある工芸科では、ものづくりを中心にしたプロダクトデザインのコースがもうけられています。

これらの学科では、工業デザインの知識を学び、CAD（※1）やCG（※2）をはじめとする製図の制作など、実習をとおして技術を身につけることができます。さらに、自分でかんがえ、つくりあげる作業のなかから、アイディアをうみだす力をやしない、創造する力を高めることもできます。

※1：設計図や立体図をつくることができるコンピュータの技術、またはそのソフト。
※2：コンピュータを使用して画像を描くことができる技術。

● **四年制大学・工業高等専門学校・短大・専門学校で学ぶ**

四年制大学や工業高等専門学校、短大のなかで、美術系や工芸系・工業系の学部では、グラフィックデザイン（※3）やプロダクトデザイン（※4）、そして建築デザイン、さらには建築工学を学ぶ学科があります。最近では、環境デザイン、インテリアデザインなど、人びとの生活やくらしに密着した学科ももうけられています。

たとえば、ある大学には、建築分野のなかでも、人が住みやすい空間や環境をつくるというテーマから、建築学をデザイン的にとらえて学ぶ学科がうまれています。

また、人の生き方をかんがえるライフデザインという学問から、空間デザインについて学ぶことができる学科がもうけられている大学もあります。

さらに、建築物や家などの範囲を超えて、人びとの生活をみつめて、快適な生活環境を実現するための知識や技術などを学ぶ、まちづくり学科が登場しています。

このように、大学のデザイン分野では、建築、環境、生活などの大きなテーマを、授業と実習をまじえて学べます。とくに、人にやさしい空間・環境づくりについて学ぶことができるのが、四年制大学・工業高等専門学校・短大の建築系やデザイン系の特ちょうといえるでしょう。

また、大学と、工業デザインや建築界に関連する業界が連けいして、将来の職業選択に役だつ実践的な学習を進めていこうとする大学もあります。

専門学校には、空間デザインを専門とするコースがある学校もあります。ここでは、インテリアや照明デザイン、サインデザイン（※5）など、生活空間のデザインにかかわる知識や技術を学ぶことができます。さらに、建築コースでイベント会場の設営など空間デザインの知識と技術を学ぶことができる専門学校もあります。

※3・4：グラフィックデザインは印刷物などのデザイン、プロダクトデザインはおもに製品など立体のデザインのことです。なお、インダストリアルデザインとは大量生産ができる工業製品のデザインのことです。
※5：サインデザインは看板やマークなどのデザインを意味し、施設内の案内図や部屋名の表示、トイレなどを示す図や記号などのことです。

空間デザイナーになるまでの進路

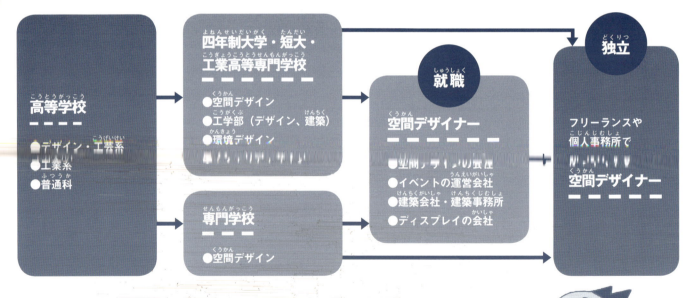

Q2 空間デザイナーがかつやくする場所
空間デザイナーは、どのようなところでかつやくすることができるのですか？

A 空間デザイナーをめざす人は、大学・工業高等専門学校・短大、専門学校を卒業したあと、つぎのような職場に就職するのが一般的です。

空間デザイナーがかつやくする、おもな現場

●空間デザインを手がけるデザイン会社・デザイン事務所

さまざまな分野の空間デザインを手がける空間デザイナーが中心となってかつやくするデザイン会社です。

仕事は、11ページに示したような内容です。会社の規模はまちまちで、まず、数百人の空間デザイナーが所属して、空間デザインの分野を総合的に手がけるような大規模な会社があります。いっぽう、数名の空間デザイナーがかつやくする、規模の小さな事務所もあります。

仕事は、まず、予算をくんでスタートします。規模の大きな会社では、それぞれの分野に適した空間デザイナーが中心になって、チームワークで仕事が進められます。

規模の小さな事務所の場合は、おもに得意分野にあわせた仕事がまかされることになります。

空間デザイナーをめざす人は、大きな会社に就職するか、小さな事務所にアシスタントとして入ります。

●建築にかかわる建設会社・建築事務所

あたらしいたてものを設計し、完成までを手がける建設や建築の大きな会社に所属して、空間デザイナーがかつやくする場合があります。この場合は、計画から完成までのながれのなかで、専門スタッフとして空間デザインを手がけることになります。

空間デザイナーをめざす人は、就職して空間デザインの専門の部署に配属されてかつやくします。

●空間デザイナーが個人でひらくデザイン事務所

空間デザイナーのなかには、デザイン会社から独立し、個人のデザイン事務所をひらいてかつやくしている人もいます。このように個人でかつやくする空間デザイナーは、継続したデザインの仕事をもつことがたいせつになります。そのためには、組織に所属してかつやくする空間デザイナー以上に、デザインの実績のつみかさねがもとめられます。

個人の場合は、ひとつの仕事について、依頼主からの仕事内容の説明会からはじまり、コンペティション（20ページ参照）にひとりで参加します。そして、仕事を受注したあとも、完成までひとりで仕切っていかなければなりません。それでも、自分の実力を認めてもらうという大きなメリットがあります。

●イベントなどを企画・運営する会社

企業の商品展示会などは、多くの場合、イベントやPRなどを手がける専門の会社にまかされます。空間デザイナーは、このような会社に所属してかつやくします。

空間デザイナーをめざす人は、それぞれの会社に就職して空間デザインの専門の部署で経験をつみます。

●ディスプレイを手がけるデザイン会社

ショーウインドウや展示会場の空間デザインをおこなうスタッフのなかには、ディスプレイ・デコレーターとよばれる職業があります。

ちなみに、ディスプレイとは、英語で展示の意味、デコレーターは、かざりつけをする人という意味です。

35

Q3 空間デザイナーをめざしたきっかけ
空間デザイナーをめざしたきっかけには、どのようなことがありますか、教えてください。

A この本で紹介した4人の方に、空間デザイナーをめざしたきっかけから、かつやくするまでの道すじを語っていただきました。

山田祐照さん

佐藤 明さん

空間デザインは、自分の夢をかなえられる仕事です。

山田さんは、画家だったお父さんの影きょうをうけて、小さいころから絵に親しんで育ちました。また、車も大好きでした。そこで、高校卒業後は、車のデザイナーをめざして東北工業大学工学部の工業意匠学科に進み、インダストリアルデザインを学びました。ところが、在学中にたびたびモーターショーをみに行くうち、車そのものよりも、車をより魅力的にみせるためのディスプレイデザインに興味がわきました。

山田さんは、大学を卒業するとディスプレイ会社に就職しました。しかし、デザイン部にはスタッフのあきがなく、3年間は製作現場で大工仕事をしていました。そんなある日、社内の展示会に、描きためていた絵画や空間デザインのデッサンを思いきって展示しました。それがデザイン部の部長の目にとまり、念願だったデザイン部にさそわれました。ただまつだけでなく、自分から一歩ふみだすことで、ディスプレイデザインを手がけることができるようになったのです。

最初にデザインしたのは腕時計をかざるための展示台でしたが、そのうちに、有名デパートのショーウインドウや、大好きな車のショールームの空間デザインも手がけるようになりました。山田さんは、「空間デザインは、自分の夢や、やりたかったことを実現できる仕事です」と、語っています。

飼っていたハトの小屋づくりがわたしの空間デザインの原点です。

佐藤さんには、小さいころ、季節によって少しずつ表情を変える家の前の山を、いつも同じ場所から描きつづけていたという記憶があります。どうして山の絵を描きつづけたのかは、おぼえていないそうです。でも、目の前でつぎつぎと変化する風景を楽しんだ思い出は、ひょっとすると、佐藤さんが手がけるエキシビション空間のデザインにつながっているのかもしれません。

高校は普通科でしたが、絵を描くことが好きだった佐藤さんは美術部に入って活動しました。そして高校卒業後は、東北工業大学工学部の工業意匠学科に進み、たまたま、選択コースで空間デザインをえらんだといいます。

空間デザインの授業は思っていた以上に楽しく、身近なものを題材にした実践的な授業では、佐藤さんが小さいころから飼っていた十数羽のハトのための小屋をつくりました。どうすればハトが快適にすごしたり、遊んだりできるかをかんがえながら設計図を作成しました。そして材料も、近所の川原で板切れなどをひろって調たつし、手づくりしました。「かんがえてみると、いま手がけている空間デザインの仕事と、ほぼ同じことをやっていたんですね。ハト小屋づくりは、わたしの空間デザインの原点だったのかもしれません」

4人の空間デザイナーは、個人事務所をひらいたり、空間デザインを手がける会社の役員やスタッフとしてかつやくしています。同時に、日本空間デザイン協会（DSA）の会員でもあります。

日本空間デザイン協会には、空間デザインの第一線でかつやくする日本の空間デザイナーが会員として所属しています。協会では、仕事や日ごろの活動をとおして、空間デザインの技術の向上や普及につとめています。

石河孝浩さん

多くの人とかかわれる内装の仕事に興味がわき、空間デザインの道へ。

石河さんは、普通科の高校で学びましたが、そのころからたてものに強い興味をもちました。そこで、大学は、筑波大学に進み、建築や都市計画・まちづくりについて学びました。そして、はば広く学ぶうちに、より人びとの生活と深いかかわりをもつ内装に興味をもつようになりました。

あるとき、大学構内の休けい室のリニューアル（改装）に参加する機会に恵まれました。石河さんは、なかまといっしょに空間デザインをおこない、地元の工務店に依頼して完成までたずさわりました。はじめてつくった空間にいろいろな人がきて、使っている場面をみたときに感じた充実した気もちが、空間デザインをめざすきっかけとなったといいます。

大学の卒業制作では、1週間かけて、制作中の作品の前をとおりかかった人にアイディアをだしてもらったり、制作に参加してもらい、ひとつの空間をつくりあげるイベントをおこないました。石河さんは、人とかかわりながらつくることで、自分だけがおもしろいと思う空間ではなく、みんなでおもしろさを共有できる空間がうまれることを実感しました。

その後、筑波大学の大学院芸術研究科に進学し、空間デザインを学びました。卒業後は、空間デザイン会社の丹青社に就職し、文化施設の空間デザインを数多く手がけています。

近藤真治郎さん

商業と建築がとけあった商業施設の仕事をめざしました。

近藤さんには、中学生だったころにみたテレビドラマが、いまも強く印象に残っています。それは、人気俳優が建築家を演じるものでした。ドラマをみた近藤さんは、ばく然とですが、「建築家は、ものをつくる職人的な世界と芸術の世界が両立している職業だ」と、感じたそうです。このときに、建築家という職業に興味がわいたといいます。

高等学校は普通科に進みましたが、大学への進路をかんがえたとき、なんとなく建築家の仕事につきたいと思ったのもドラマの影きょうだったのかもしれません。そこで、神奈川大学の建築学科に入学しました。

建築学科で学んだ人は、一般的に建築・設計の業界に進みます。ところが、近藤さんは、就職をかんがえるころ、商業（商売）に興味をもつようになっていました。そこで、服飾や飲食など自分の身のまわりにあるものと、建築科で学んできた建築・設計の学問がいっしょになった仕事をめざすことになりました。その結果、商業施設の設計・施工をやっている会社に就職して、空間デザインの仕事についたのです。

その会社で3年間にわたって仕事をしたあと、乃村工藝社に入社しました。こうして、近藤さんは、商業施設の空間デザインを手がけて、いまも第一線でかつやくしています。

空間デザインの実力アップのために

Q4 空間デザイナーをめざすときに、身につけておきたいことを教えてください。

A 空間デザイナーは、自分のかんがえるアイディアを具体的なかたちにするため、さまざまな専門的な知識と技術を応用しなければなりません。そこで、つぎのようなことがらを学び、身につけておくことがもとめられます。

空間デザイナーをめざすとき、もとめられること

●デザインを目にみえるかたちにする
CGとCADの技術

空間デザイナーは、頭のなかでかんがえたデザインを、デッサンやスケッチなど目にみえるかたちにします。できあがったものは、コンペティションの場などで企画を提案するとき依頼主にみせます。絵にすることで、依頼主は完成したようすをより具体的に理解できます。

空間デザイナーは、まず、手描きでデッサンやスケッチをしますが、最近は、パソコンのソフトを使って、データ画像を完成させるのが一般的です。とくに、CGのソフトは、まるで写真のようにリアルな完成予想図を制作することができます。

企画が認められて仕事を受注すると、実際の工事に必要な設計図などの図面づくりがはじまります。空間デザイナーは、おもに、パソコンのCADという図面制作ソフトを使い、平面図や断面図などをつくります。

CGやCADの技術は、空間デザインやインテリアデザイン、建築を学ぶ学校などで身につけることができます。

●動線の知識を身につける

この本の9ページでふれている動線は、空間デザイナーが快適な空間をデザインするために重要な役割をはたしています。たてものの内部で人がどのように行動するか、目にみえるかたちにしたものが動線です。お店の場合は、とくに客動線、店内動線などとよばれています。

動線は、人が行動したあとを線でしめしたものですが、行動を予測するときにも利用することができます。たとえば、空間をデザインするときに、動線を利用して内部の構造をかんがえることができるのです。すぐれた動線にしたがえば、たてものの内部で人びとは混乱しないで行動できるのです。

そこで、空間デザイナーは、たてものを利用する人やお店のお客を理想的なかたちで誘導するために動線のかたちをかんがえて、図面のなかに動線を表現します。理想的な動線がみつかれば、たてものの内部を快適な空間につくりあげることができるわけです。

動線をつくるときには、たてものの内部に必要な設備のことをかんがえることがたいせつです。たとえば、人びとが利用するエスカレーターやエレベーターをどのように配置するか、トイレはどこにあればいいか、売り場の配置はどうすればよいか、入口の広さは、など、さまざまなことがらがかかわってくるのです。

また、美術館や博物館などでは、利用する人がどのような順路で行動するのが最適か、ということもかんがえなければなりません。さらに、展示物が変わるときには、それぞれのテーマにあわせて動線のかたちも変化します。

動線の知識や動線をつくる技術は、建築や空間づくりの学校で学ぶことができます。また、就職したあとに、施工する現場の周辺で人の動きを調査したり、現場に立ちあったりして身につけていくことができます。

● 建築・インテリアの
基本的な知識がもとめられる

　空間デザイナーは、内装の工事がはじまると、指示どおりにできあがっているか、たびたび現場に足を運び、チェックします。施工現場では、さまざまな分野の専門スタッフと仕事をします。そして、工事中は、現場のスタッフに適切なアドバイスをする必要があるため、空間デザイナーは、建築作業や内装・インテリアなどの基本的な知識を身につけておくことがたいせつになります。
　このような知識は、建築、空間・インテリアデザインの教育施設で学ぶことができます。さらに、就職したあとも、見習い期間のあいだなどに、現場の作業で身につけることができます。

Q5 空間デザインを実践できる活動
小・中学生でも空間デザインの世界を体験することはできますか？

　A　日本空間デザイン協会では、小学生と中学生、さらに学校や地域が参加して、現役の空間デザイナーといっしょに活動する「デザインがっこう」をひらいています。

　日本空間デザイン協会が主催する「デザインがっこう」は、人びとが生活する空間を快適なものに変えていくためには、どうしたらよいかをテーマに活動しています。
　参加したみんなで、いっしょに具体的なアイディアをだし、快適な空間をつくっていくワークショップ（※）です。
　ここでは、現場でかつやくするプロの空間デザイナーと子どもたちがいっしょに、快適な空間づくりに挑戦します。その点が、活動の大きな特ちょうです。
　たとえば、ある小学校では、図書室の利用者がもっとふえてほしいけれど、どうしたらいいかなやんでいました。そこで、協会に相談がよせられました。さっそく、空間デザイナーやスタッフが参加して、「デザインがっこう」がひらかれました。ワークショップでは、いまの問題点について意見をだしあい、「デザイン」の力で改善する方法をさがしました。その結果、すばらしい改善方法が発見されて空間づくりがおこなわれ、図書室で貸しだす本の数が過去最多になったのです。
　「自分たちがだしたアイディアが、空間をいろどり、みんなの笑顔を引きだしている」ことを知ったとき、参加した子どもたちはデザインする喜びを実感したにちがいありません。
　活動のくわしいことは、日本空間デザイン協会のホームページ（http://www.dsa.or.jp/）にある「デザインがっこう」のコーナーでごらんください。また、申しこみの連絡先はホームページの「アクセス」でご確認ください。

※参加した人たちが、あるテーマについて意見をだしあい学習するあつまり。

写真提供：日本空間デザイン協会

＊この本をつくったスタッフ

企画制作	保科和代
編集制作	スタジオ248
デザイン	渡辺真紀
イラスト	あむやまざき
写真撮影	相沢俊之
DTP	株式会社日報

＊取材に協力していただいた方（敬称略）

一般社団法人 日本空間デザイン協会（DSA）

山田祐照（株式会社ノムラデュオ）
佐藤 明（株式会社ゲノム）
石河孝浩（株式会社丹青社）
近藤真治郎（株式会社乃村工藝社）

ふじのくに地球環境史ミュージアム
西武池袋本店

奥付（おくづけ）

時代をつくるデザイナーになりたい!!
空間デザイナー

2017年12月30日 初版 第1刷発行
編 著　スタジオ248
発行者　圖師尚幸
発行所　株式会社 六耀社
　　　　東京都江東区新木場2丁目2番1号 〒136-0082
　　　　電話 03-5569-5491　Fax 03-5569-5824
印刷所　シナノ書籍印刷株式会社
NDC375／40P／283×215cm／ISBN 978-4-89737-956-2
© 2017 Printed in Japan

本書の無断転載・複写は、著作権上での例外を除き、禁じられています。
落丁・乱丁本は、送料小社負担にてお取り替えいたします。